GUÍA DE LECTURA

Escrita por Maël Tailler
Traducida por Marta Sánchez Hidalgo

La peste

de Albert Camus

ALBERT CAMUS

ESCRITOR, DRAMATURGO, ENSAYISTA Y FILÓSOFO FRANCÉS

- **Nacido en 1913 en Mondovi (Argelia)**
- **Fallecido en 1960 en Villeblevin (Francia)**
- **Algunas de sus obras:**
    - *El extranjero* (1942), novela
    - *El mito de Sísifo* (1942), ensayo
    - *La peste* (1947), novela

Albert Camus (1913-1960), francés nacido en Argelia y Premio Nobel de Literatura, es uno de los escritores más importantes del siglo XX. Fue un intelectual muy comprometido, filósofo, periodista, dramaturgo y escritor, y marcó su época por su reflexión sobre lo absurdo, donde encontró una expresión crítica, sensible y humana.

Camus, muy admirado aunque también criticado a veces, consiguió un reconocimiento considerable en todo el mundo con sus novelas *La peste* (1947) y, sobre todo, *El extranjero* (1942). Murió joven, en 1960, en un accidente de tráfico.

LA PESTE

EL COMIENZO DE LA REVUELTA

- **Género:** novela
- **Edición de referencia:** Camus, Albert. 2004. *La peste.* Traducido por Rosa Chacel. Barcelona: Edhasa
- **Primera edición:** 1947
- **Temáticas:** epidemia, aislamiento, muerte, caos, amenaza, revuelta

La peste narra los esfuerzos del doctor Rieux y de otros habitantes para detener una epidemia de peste que asola la ciudad de Orán en los años cuarenta.

Esta novela, publicada en 1947 (primer gran éxito del autor), marca una evolución importante en la obra y el pensamiento de Camus, puesto que rompe con el ciclo de lo absurdo (*El extranjero, El mito de Sísifo, Calígula* y *El malentendido*) e inaugura el de la revuelta (*La peste, Los justos, El hombre rebelde*).

RESUMEN

La peste relata los curiosos sucesos (ficticios) ocurridos en Orán a principios de los años cuarenta (no indica el año exacto). Está escrita en forma de crónica redactada por un misterioso narrador cuya verdadera identidad se revela al final de la historia: el doctor Bernard Rieux, el protagonista de la historia.

LA APARICIÓN DE UNA ENFERMEDAD MISTERIOSA

Todo comienza un día de abril de 1940, cuando el doctor Bernard Rieux se tropieza con una rata muerta al salir de su casa. Después de llevar a su mujer a la estación (está enferma y tiene que irse de la ciudad para que la cuiden), Rieux empieza sus visitas. Los días siguientes, cuando habla con sus pacientes, sus compañeros (el doctor Richard entre otros) y sus vecinos, se da cuenta de que las ratas están invadiendo la ciudad y muriendo en plena calle. Una llamada telefónica de un antiguo paciente, Joseph Grand, le permite conocer a un tal Cottard, un representante de comercio que intentó ahorcarse. A éste le aterroriza la idea de entrevistarse con el comisario de policía. Rieux le tranquiliza y sigue con sus visitas.

El desastre de las ratas continúa y aumenta hasta finales de ese mes, luego cesa súbitamente. Rieux se da cuenta entonces de que algunos pacientes (entre ellos su conserje, el señor Michel) padecen una extraña enfermedad que acaba con su vida en pocos días. Los casos se multiplican, las autoridades tardan en reaccionar y toda la ciudad está enardecida. Rieux descubre que la peste diezma a los oraneses. Avisa al prefecto. Como las autoridades no quieren asustar a la población, toman tímidas medidas para limitar el contagio.

LA EPIDEMIA

El cierre de puertas de la ciudad marca el principio de un «largo exilio» (Camus 2004, parte II), que cambia poco a poco el comportamiento de los habitantes.

Algunos demuestran solidaridad e intentan luchar contra la plaga, como el doctor Rieux, que trabaja muy duro y se niega a rendirse:

- Jean Tarrou (un rentista acomodado que dio su testimonio al narrador) se pone al servicio de Rieux y se une a las instalaciones médicas que hay por la ciudad.
- Raymond Rambert, un periodista parisino separado de su pareja, hace lo mismo cuando se da cuenta de que no puede beneficiarse de las extrañas medidas de excepción que le permitirían irse de la ciudad.
- Joseph Grand, empleado en el ayuntamiento, también acepta coordinar los esfuerzos de los médicos y los voluntarios en su tiempo libre.

Otros son más reticentes a dar su apoyo:

- Cottard, que encuentra una extraña satisfacción en las desgracias de sus conciudadanos, aprovecha la situación para hacer contrabando.

- El padre Paneloux, por su lado, intenta dar un sentido a la plaga durante un sermón en la catedral: para él, la peste es un aviso de Dios. Rieux no se lo cree. El doctor, agotado, continúa estoicamente su lucha.

Durante el verano, la epidemia se agrava y la muerte se banaliza: hacen desaparecer los cadáveres a toda prisa y ejecutan a los que intentar huir de la ciudad. El dolor agudo da paso al desánimo y las personas se resignan a vivir el presente sin esperanza ni memoria. El amor abandona el corazón de los habitantes. La peste aparece como una plaga monótona que no deja lugar al heroísmo como «un ininterrumpido pisoteo que aplasta todo a su paso» (Camus 2004, parte III).

LA REVUELTA DEL DOCTOR RIEUX

Llega el otoño y las muertes siguen sucediéndose. Rieux se vuelve indiferente al sufrimiento que se extiende diariamente ante sus ojos, pero no abandona su combate. La agonía y la muerte de un inocente (el hijo pequeño del juez Othon) lo indignan. El padre Paneloux se esfuerza por ver la voluntad de Dios. Rieux se enfurece, luego se excusa y reconoce que tienen que trabajar juntos. Pero unos días más tarde, después de un sermón lleno de dudas, el padre Paneloux muere sin haber acudido al médico y sin que puedan confirmar si la peste se lo ha llevado.

En este período, Rieux se entrega más a los que le rodean. Habla a Grand de su mujer, de la que recibe noticias incompletas por telegrama. Habla abiertamente de lo egoísta que parece el amor de Rambert por su pareja y reconoce que no puede reprocharle que quiera irse de la ciudad. Pero

Rambert renuncia a su plan: si no es vergonzoso preferir la felicidad: «uno también puede tener vergüenza de ser el único en ser feliz» (Camus 2004, parte IV). Cottard, por su lado, no la siente. Sigue con sus asuntos y parece regocijarse por no ser el único que sufre.

El Día de Todos los Santos, poco después de la muerte del doctor Richard (cuyo optimismo ingenuo no sirvió para frenar la epidemia), Tarrou se gana el afecto de Rieux y le habla de sus reflexiones: le pregunta si cree que es posible ser «un santo sin Dios» (Camus 2004, parte IV). El doctor le contesta que sólo tiene que hacer heroísmo y santidad y que intente ser sencillamente un hombre. Los dos individuos se escapan unos instantes de la peste y del absurdo de su lucha dándose un baño revitalizante en el mar. En Navidad Grand enferma, pero no sucumbe ante la muerte. Parece que el invierno hace recular a la plaga; las ratas vuelven a aparecer, vivas.

LA PERSISTENCIA DE LA AMENAZA

La esperanza resurge a mitad de enero, aunque algunos sigan muriendo en medio del júbilo general: el juez Othon y luego Tarrou, al que Rieux había recogido en su casa para tratar de salvarlo. Al día siguiente, el doctor se entera de la muerte de su mujer por telegrama. En febrero, la ciudad vuelve a abrir sus puertas y Rambert se reúne con su pareja. Cottard, que ha intentado en vano escapar de la policía (se ignora el motivo de su culpa), se pone a disparar a la muchedumbre desde su apartamento. Al final le detienen delante de Grand (recuperado) y de Rieux.

Mientras la ciudad festeja la mejora de la situación y se apresura a olvidar los trágicos sucesos que la han azotado, Rieux medita solo en una terraza: el bacilo de la peste no desaparece por completo, la felicidad de los hombres sigue amenazada.

ESTUDIOS DE LOS PERSONAJES

EL DOCTOR BERNARD RIEUX

Tiene unos treinta y cinco años. Es un hombre común desde el punto de vista del físico (altura media, nariz normal, pelo negro), de tipo mediterráneo con «espaldas anchas» y «mandíbula saliente» que reflejan fuerza de carácter y seguridad (Camus 2004, parte I). Es un hombre ejemplar: honesto, justo, valiente, inteligente, activo, eficaz y profundamente bueno. Es médico de padre obrero, sacrifica sus intereses personales por los de la comunidad. Sin embargo, su carácter evoluciona: solitario e incluso taciturno al principio de la novela, se abre progresivamente a los hombres que lo rodean (Grand, Tarrou) y entabla ciertas amistades (el episodio del baño en el mar con Tarrou marca el clímax).

Aunque esté «Cansado del mundo» (Camus 2004, parte I) y sea ateo, este personaje no es misántropo: «hay en los hombres más cosas dignas de admiración que de desprecio» (Camus 2004, parte V). Su obsesión por el trabajo hace que se esfuerce más en actuar que en intentar entender el origen de la plaga (esta dura lucha cotidiana le permite no ceder al pesimismo): «No puede uno al mismo tiempo curar y saber» (Camus 2004, parte IV).

Este narrador, que nos transmite los hechos supuestamente de una manera objetiva y que utiliza deliberadamente el «nosotros» (para marcar su solidaridad con los oraneses) desvela su identidad al final de la novela. Por su edad, su origen social y procedencia geográfica y por sus ideas, recuerda al propio autor.

JEAN TARROU

Jean es un hombre sencillo y acomodado, que lleva poco tiempo viviendo en Orán. Sus cuadernos, que son una fuente de información para la crónica del narrador, han hecho insignificante al historiador. Es hijo de un abogado general y se ha distanciado de la justicia y de su padre después de haber asistido a la condena a muerte de un hombre.

Es un activista político y un revolucionario decepcionado. Además, no admite que se puedan sacrificar vidas para defender una causa superior. Está satisfecho de su saber –«Yo lo sé todo en la vida, ya lo está usted viendo» (Camus 2004, parte IV)– y sólo le atormenta una cuestión: la posibilidad de ser un santo en un mundo sin Dios.

JOSEPH GRAND

Es un «pequeño empleado de ayuntamiento» (Camus 2004, parte I) completamente ordinario que aparenta una cierta insignificancia y debilidad (su nombre, a pesar de que hace referencia a su gran altura, no refleja esta realidad, sino todo lo contrario). Sin una gran ambición, lleva una existencia totalmente banal hasta la llegada de la peste, si no fuera porque guarda una pasión secreta: escribir un libro. Pero se atasca en la primera frase, que reescribe todas las noches solo en su apartamento. Sin embargo, Rieux lo considera un héroe anónimo, generoso y dedicado a la felicidad colectiva, cuya acción discreta y cuya modestia hacen su grandeza.

RAYMOND RAMBERT

Es un joven periodista parisino enviado a Orán para informarse sobre las condiciones de vida de los árabes. La guerra civil española (que hizo «del lado de los vencidos», parte II) ha temperado poco su idealismo: «Yo no creo en el heroísmo; sé que eso es muy fácil, y he llegado a convencerme de que en el fondo es criminal» (Camus 2004, parte II). Sin embargo, cultiva una felicidad más egoísta (busca antes que nada irse de Orán por cualquier medio para encontrarse con su pareja). Pero, a semejanza de Grand y de Tarrou, evoluciona y acaba formando parte de las instalaciones médicas. De esta forma muestra su solidaridad con los oraneses.

EL PADRE PANELOUX

Es un predicador carismático y dogmático. Se apresura a interpretar la peste como un aviso divino y se esfuerza por ver la voluntad divina en la muerte de un niño inocente, siguiendo una lógica del «todo o nada»: «Es preciso creerlo todo o negarlo todo» (Camus 2004, parte IV). Cada vez duda más, quebrantado por su fe. Su impotencia y la inutilidad de sus discursos (se opone a la acción discreta y modesta de Rieux) lo hacen símbolo del fracaso del cristianismo frente a una plaga como la peste. El fatalismo activo que predica no lo protege en absoluto de la peste y su escepticismo frente a la ciencia (se niega a que le examine un médico cuando enferma) lo conducen directamente a la muerte.

COTTARD

Cottard es seguramente el personaje más negativo de la novela. Este «hombrecito rollizo», culpable de no se sabe qué delito, intenta ahorcarse al principio de la novela para escapar de la justicia. Es un ser débil, «un corazón ignorante, es decir, tímido» (Camus 2004, parte V), desesperado, egoísta y cobarde que se regocija con la epidemia de la peste: encuentra consuelo para su propio sufrimiento en la desgracia de los otros y aprovecha la soledad de la ciudad para hacer negocios, vender oro y alimentos básicos.

Como vive cómodamente de sus rentas, rechaza toda forma de solidaridad que no se pueda aprovechar y termina por disparar a la muchedumbre cuando abren las puertas de la ciudad. Sin embargo, el narrador y Grand no consiguen a odiarlo ni a tener nada contra él.

CLAVES DE LECTURA

DE LA CRÓNICA A LA TRAGEDIA

Al principio, el narrador señala que el relato tiene forma de crónica. Aclara que ha recurrido a muchas fuentes, como los apuntes que Jean Tarrou tomó durante la epidemia. De esta manera, aunque los hechos contados en la novela sean ficticios, Camus consigue darles una apariencia real.

El estilo empleado refuerza esta sensación: es frío, indiferente, monótono. Aunque la identidad del narrador nos sea desconocida, el relato está escrito en tercera persona, lo que muestra una cierta distancia.

No obstante, la estructura que utiliza Camus podría recordar la de una tragedia clásica. De hecho, se compone de cinco partes:

- la primera parte consiste en la exposición de los hechos: la enfermedad que azota a muchas ratas parece contagiarse a los hombres y se transforma en poco tiempo en una epidemia;
- la segunda parte alude a la propagación de la enfermedad (elemento perturbador) y a las primeras medidas que se toman (cierre de puertas de la ciudad). Asimismo se descubren las primeras reacciones de los habitantes;
- la tercera parte presenta la expansión de la enfermedad y las repercusiones en la moral de los hombres (abatimiento y fatalismo). Toda la ciudad está abatida, lo que origina el pánico. Algunos intentan encontrar una

explicación;
- la cuarta parte trata el punto máximo de la enfermedad (núcleo de la historia). El doctor Rieux no se rinde. Al contrario, la muerte de un niño pequeño le indigna y da a su combate un nuevo impulso;
- la quinta parte es el desenlace del relato. La epidemia se detiene y la situación se normaliza.

Camus no respeta al pie de la letra la regla de las tres unidades. Aunque la unidad de lugar (ciudad en cuarentena) y la unidad de acción (obviamente la lucha contra la epidemia de la peste) se respeten, la unidad de tiempo plantea más problemas, puesto que la historia transcurre durante varios meses.

Además, aunque la epidemia se detenga, el desenlace sigue siendo trágico, puesto que el narrador añade que la enfermedad no se ha erradicado y que la felicidad de los hombres sigue estando amenazada.

LA PESTE: UN SÍMBOLO POLISÉMICO

En el epígrafe de la novela, Camus asegura la libertad del autor de ficción ante la historia: «Tan razonable como representar una prisión de cierto género por otra diferente es representar algo que existe realmente por algo que no existe» (Daniel Defoe, escritor inglés, 1660-1731). De esta forma, aunque no hubiera peste en Argelia durante los años cuarenta, el autor da a entender que hay otras enfermedades comparables que han abatido a los hombres y que hay que considerar la peste como un símbolo. Además, este símbolo está abierto a muchas interpretaciones, a veces muy diferentes. Aquí sólo analizaremos cuatro: la guerra, el castigo divino, la culpabilidad humana y la enfermedad.

La peste: la guerra

El momento de la redacción (finales de 1940-primavera 1942) y de la publicación (1947) de la obra nos da entender que la peste representa la guerra. De hecho, la Segunda Guerra Mundial trastornó la mentalidad y la vida de todos. Los intelectuales y los escritores intentaron entender la barbarie y decidieron tomar partido, «comprometerse» políticamente (el compromiso no es adherirse a un partido político preciso, sino defender una posición política clara). Tanto dentro como fuera del mundo literario hubo muchos debates (en los que Camus participó).

Hay elementos significativos que permiten establecer un paralelismo entre la peste y la Segunda Guerra Mundial en la novela:

- la historia se desarrolla en los años cuarenta. Esta fecha es suficientemente importante en la historia de la humanidad como para que la referencia a la guerra resulte clara;
- Orán representa claramente «la ciudad cerrada» (se construye dando la espalda al mar y sus puertas se tapian al final de la primera parte), invadida por las ratas, luego por la enfermedad (la novela insiste en el término «invasión»). Esta situación hace referencia a la Francia ocupada por el ejército nazi, al que se llamaba «la peste negra» (por el color de los uniformes alemanes).

El narrador insiste en la semejanza general entre las dos plagas:

- «Ha habido en el mundo tantas pestes como guerras y sin embargo, pestes y guerras cogen a las gentes siempre desprevenidas» (Camus 2004, parte I). Además, sus consecuencias son parecidas: separación de familias y de parejas, fin de la libertad de movimiento, población diezmada, igualación social, desconfianza generalizada, etc.;
- el texto usa muchos términos del léxico de la guerra: «vidas de prisioneros» (Camus 2004, parte II), «interminable derrota» (Camus 2004, parte II), etc.

En relación con esta interpretación, los esfuerzos del doctor Rieux y de sus amigos hacen referencia a la Resistencia en Francia bajo la ocupación alemana.

La peste: un castigo divino

En sus sermones, el padre Paneloux compara la situación de Orán con sucesos parecidos de la Biblia: el diluvio, la destrucción de Sodoma y Gomorra, las diez plagas de Egipto y la historia de Job. De esta forma concibe la peste como un castigo de Dios. A veces, el narrador hace referencia a esta interpretación: menciona mucho las «lluvias divinas» que caen sobre Orán al principio de la epidemia.

Pero el doctor Rieux refuta el punto de vista del padre Paneloux: ¿qué Dios podría quitarle la vida a un niño inocente? Este argumento hace dudar a Paneloux de su fe: después de un segundo sermón lleno de dudas, enferma y muere al poco tiempo. Su muerte puede simbolizar el fracaso de su interpretación de la plaga.

La peste: la culpabilidad humana

Jean Tarrou contempla la peste como una especie de pecado original, pero desde un punto de vista laico. Este personaje se identifica con el ateísmo.

Decepcionado por la justicia y por su lucha revolucionaria porque una y otra lo llevan a justificar el asesinato en nombre de un idea superior, Tarrou termina extendiendo esta culpabilidad a la humanidad entera. Para él todo ser humano participa mucho o poco en sociedades que justifican el sacrificio.

Tarrou, consciente de esta culpabilidad original, cree que lo único que el hombre puede hacer para escapar de la vergüenza de ser un apestado es «rechazar todo lo que, de cerca o de lejos, por buenas o malas razones, haga morir o justifique que se haga morir» (Camus 2004, parte IV). Pero sabe perfectamente que este rechazo sólo es ideal.

La peste: una alegoría del mal

A la peste también se la puede ver por encima de los males particulares: es la alegoría del mal en general porque «el sufrimiento del hombre supera las contingencias de la historia» (Beaumarchais J.-P. et Couty D., Dictionnaire des grandes oeuvres de la littérature française, p. 962).

Según esta interpretación, la peste aparece como un elemento que forma parte de la condición humana. Uno de los principales aspectos de esta plaga es, para el narrador, la ausencia de solidaridad entre los hombres. De esta forma, Rieux, sobre todo, y sus amigos son la excepción: a pesar de la igualación social y de la desesperanza creciente que empuja a un cierto heroísmo, la mayoría de los oraneses se mantienen desconfiados y prefieren aislarse en sí mismos antes que participar en la lucha colectiva. El narrador invita además a no exagerar la importancia de las instalaciones médicas, pero subraya que estas tentativas y estos esfuerzos modestos son los que hacen la grandeza del hombre.

LO ABSURDO Y LA REVUELTA

La peste que azota Orán modifica la vida de los jóvenes y los lanza a lo absurdo. La novela también se hace eco de *El extranjero* y de *El mito de Sísifo*, y subraya muchos aspectos del absurdo de la condición humana:

- la ausencia de Dios. El punto de vista cristiano se cuestiona por el fracaso del padre Paneloux, cuyos discursos fatalistas parecen inútiles e irrisorios. Su espera ante el silencio insensato del mundo es en vano;
- la ausencia de pasado y de futuro. Como la muerte (seguida del olvido) es el único horizonte posible para los hombres, su obstinación en rememorar el pasado y planificar el futuro es en vano. Además, después de un tiempo, los oraneses comprenden que están atrapados en el presente: «Impacientados por el presente, enemigos del pasado y privados del porvenir, éramos semejantes a aquellos que la justicia o el odio de los hombres tienen entre rejas» (Camus 2004, parte II);
- la razón limitada. Para el hombre absurdo, la razón es

el único medio que permite comprender el mundo, pero sabe perfectamente que esta herramienta es imperfecta y que su tentativa es en vano. En *La peste* el narrador insiste en la inutilidad de las palabras y en lo absurdo de las cifras. Las personas se limitan a enviar telegramas impersonales y cartas repetidas sin cesar cuyas palabras están vacías de sentido;

- la soledad. El hombre absurdo está solo ante un mundo indiferente a sus quejas. En *El extranjero*, Meursault (el protagonista egocéntrico) es incapaz de comunicarse con nadie y se encierra en sí mismo. En *La peste* los personajes sólo descubren la necesidad de vivir juntos con el paso progresivo del tiempo.

SÍSIFO O LA TAREA PERPETUA

Sísifo, culpable de haberse atrevido a desafiar a los dioses, es condenado a empujar una roca hasta lo alto de una montaña. Como la tarea era imposible de cumplir (la roca termina, tarde o temprano, rodando montaña abajo), Sísifo realiza un trabajo eterno y sin esperanza. Para Camus, este personaje es el último héroe absurdo.

En *La peste*, casi todos los personajes principales están condenados a repetir una acción:

- Rieux parece revivir constantemente el mismo día porque va de un paciente a otro;
- Tarrou se atasca en las mismas cuestiones filosóficas;
- Grand escribe todas las noches la misma frase;
- Rambert está condenado a volver a comenzar el proceso

para irse de la ciudad, pero siempre pospone su partida;
- los oraneses empiezan siempre las cartas que envían a sus familiares o parejas sin saber si llegarán a su destino;
- la ciudad cuenta y entierra todos los días a sus muertos sin saber cuándo acabará la peste.

Pero a diferencia de *El extranjero*, los personajes de esta obra superan la sencilla aceptación de lo absurdo de la existencia. Rieux reconoce lo absurdo de su condición, admite la posible vanidad de su combate, pero se niega a dejar de luchar:

> «Hay que luchar de tal o tal modo y no ponerse de rodillas. Toda la cuestión estaba en impedir que el mayor número posible de hombres muriese [...]. Para esto no hay más que un solo medio: combatir la peste. Esta verdad no era admirable: era sólo consecuente (Camus 2004, parte II) ».

De esta forma adopta la actitud de hombre rebelde que Camus defiende en su ensayo, epónimo (1951), que presenta las características siguientes:

- el rechazo del suicidio. Camus se niega a suicidarse porque «resuelve lo absurdo». Sin embargo, tiene que mantenerse lo absurdo porque empuja a actuar. Suicidarse es abdicar;
- la lucidez. El hombre tiene que aceptar con toda lucidez su condición y no recurrir a un hipotético Dios que lo consuele o lo salve. El ser racional de Rieux rechaza recurrir a explicaciones metafísicas (superstición o religión) para entender la plaga. Se basa en hechos adquiridos progresivamente para comprender la enfermedad y combatirla (a

diferencia de su compañero el doctor Richard);

- la acción en el momento presente. La acción del hombre rebelde se vuelve más audaz y se libera de las ataduras de un futuro improbable. Después de entender que tienen que vivir sin saber si escaparán de la peste, los oraneses aceptan arriesgar su vida por la de otros: Grand, Tarrou, Rambert y otros siguen a Rieux. Éste prefiere la acción (concreta y prudente) a la reflexión teórica («¡Ah! –dijo Rieux–, no puede uno al mismo tiempo curar y saber. Así que curemos lo más a prisa posible, es lo que urge», parte IV);
- la afirmación de la solidaridad y de la complicidad. El hombre rebelde escapa de la soledad (que constituye lo absurdo), asegura su pertenencia a una comunidad y reconoce la igualdad entre los hombres. Rieux se abre poco a poco a los otros y descubre la amistad. De entrada, reconoce que la peste es un asunto de todos y cuida a pobres y ricos, mujeres y hombres, etc. sin distinción alguna. Al final, cuando arrestan Cottard, no puede evitar ver en él a una víctima de la brutalidad policial.

La peste marca una gran evolución en la obra de Camus: asegura la posibilidad de resistir a lo absurdo de la condición humana por medio de la acción y la solidaridad.

PISTAS PARA LA REFLEXIÓN

ALGUNAS PREGUNTAS PARA PROFUNDIZAR EN SU REFLEXIÓN...

- Entre los personajes encontramos dos reacciones ante la peste. ¿Cuáles? Explíquelo.
- ¿En qué aspecto Rieux es un hombre ejemplar y en qué se opone al padre Paneloux?
- Tarrou se pregunta si es posible ser «un santo sin Dios» (Camus 2004, parte IV). Explique su reflexión.
- Interprete el epígrafe de la novela: «Tan razonable como representar una prisión de cierto género por otra diferente es representar algo que existe realmente por algo que no existe» (Daniel Defoe).
- ¿Qué puede llevar al lector a pensar que la peste simboliza en la novela la Segunda Guerra Mundial?
- ¿Cuál es el punto de vista de Tarrou sobre la peste? ¿Qué piensa usted?
- ¿Qué simboliza la muerte del padre Paneloux?
- ¿En qué aspecto *La peste* recuerda a *El extranjero* y a *El mito de Sísifo*?
- ¿Por qué se puede decir que Rieux adopta la actitud de «el hombre rebelde» que Camus definió en su obra epónima?
- Según usted, ¿este libro es optimista o pesimista? Justifique su opinión.
- ¿Camus se propone transmitir un mensaje o una moral en esta obra? Justifique su respuesta.

PARA IR MÁS ALLÁ

EDICIÓN DE REFERENCIA

- Camus, Albert. 2004. *La peste*. Traducido por Rosa Chacel. Barcelona: Edhasa.

ESTUDIOS DE REFERENCIA

- de Beaumarchais, Jean Pierre y Daniel Couty. 1997. *Dictionnaire des grandes oeuvres de la littérature française*. París: Larousse.

ADAPTACIONES

- Huster, Francis. 1989. *La peste*. Teatro Marigny, teatro de Niza.
- *La peste*. Dirigida por Luis Puenzo (que traslada la acción a la actualidad y a América del Sur), con Jean-Marc Barr y Sandrine Bonnaire. Argentina, 1992.

EN RESUMENEXPRESS.COM

- Guía de lectura de *Los justos* de Albert Camus.
- Guía de lectura de *Calígula* de Albert Camus.
- Guía de lectura de *El extranjero* de Albert Camus.
- Guía de lectura de *La caída* de Albert Camus.

ResumenExpress.com

Muchas más guías para descubrir tu pasión por la literatura

www.resumenexpress.com

www.resumenexpress.com

ISBN ebook: 9782806272690

ISBN papel: 9782806286369

Depósito legal: D/2016/12603/571

Cubierta: © Primento

Libro realizado por Primento*, el socio digital de los editores*